Mes vies en poésies

La dernière saison

Christophe Bouillevart

© 2023, Christophe Bouillevart
Édition : BoD – Books on Demand, info@bod.fr
Impression : BoD – Books on Demand,
In de Tarpen 42, Norderstedt (Allemagne)
Impression à la demande
ISBN : 978-2-3220-4045-2
Dépôt légal : Avril 2023

À ma famille, mes amis

La Poésie n'était au premier âge
qu'une Théologie allégorique, pour
faire entrer au cerveau des
hommes grossiers par fables
plaisantes et colorées les secrets
qu'ils ne pouvaient comprendre.

Pierre de Ronsard

Sommaire

Introduction

Préface

Prologue poétique

Ose la vie

Amours

Expérience

Jeunesse amie, où est tu ?

Et vogue nos vies

Renaissance

Prendre soin de soi

Aimer ou la raison perdue

L'absence

Le labyrinthe

Je suis sûr que dans mon cœur

La mer

L'orage

Automne sans fin

La mort

Le temps qui passe

À mes filles

La guerre et la paix

Mes amis, ma famille

Désespoirs, des espoirs

Et un jour, on s'est marié

Les arts

Crois-en toi

Accomplir ses rêves

Je t'aime mon amour

Le vieil homme et ses fagots

Bientôt, mais pas de suite

Optimisme

Maman

Fol amour

Réussite

Prendre plaisir

Le bateau

Maudite absence

Écrire

L'insouciance de l'enfance

Jardin du renouveau

Création

Un brin de bruyère

Un chapitre se ferme

Commentaires sur les illustrations

Introduction

Au commencement il y a l'enfance, insouciante ou tourmentée, heureuse ou malheureuse, puis vient l'adolescence qui pour certains, certaines d'entre nous peut être un passage difficile à négocier. La perte d'un père, d'une mère, d'un être cher peut marquer en profondeur les cœurs et les âmes. Ce sont deux périodes qui devraient être heureuses et magiques pour tous. Mais pour de nombreuses raisons, pour certains, certaines, elles ne le sont pas.

À l'âge adulte, nous vivons sur ces fondations qui font ce que l'on est. Bien sûr on se construit, on apprend, on se nourrit de nos expériences, de nos rencontres, mais finalement tout au fond, caché, l'enfant et l'adolescent cassé que l'on a été se tient prêt à réapparaître. Sans crier gare, il se rappelle à nous, et ressortent toutes les vieilles cicatrices. Elles sont plus à vif que jamais. Elles viennent s'ajouter à celles de notre vie d'adulte comme autant d'empreintes indélébiles que l'on voudrait cacher aux autres. Elles font oublier les bonheurs et les fous rires.

Mais un jour, aux portes de la vieillesse, lorsque la planche bascule sur son cylindre, et que le reste à vivre et moins disant aux années passées, cela devient impossible. Les masques tombent et vient alors la sanction. Inévitable, imparable, elle nous aspire et ne nous lâche plus.

Elle nous prend en tenaille, nous sert à ne plus pouvoir respirer, vient occuper le moindre recoin de notre esprit. La chute est alors inévitable et violente.

Jusqu'au jour où, l'aide salvatrice arrive enfin. On retrouve alors, à force de travail sur soi, toute la beauté du monde et on commence à vivre, à revivre. La lumière redevient plus vive, les couleurs plus chatoyantes et le vent chaud et enivrant nous enveloppe de sa douceur rassurante. Vivre, oui vivre, c'est finalement ce qu'il faut retenir à la lecture des vers qui suivent.

Préface

La dernière saison est la saison des bilans. Un regard en arrière, revoir sa vie passée avec objectivité, sans regret, sans remord et se dire finalement, j'ai bien vécu. J'ai réalisé de belles choses. Un beau mariage, de beaux enfants, une carrière somme toute honorable. Pour autant, il y a aussi les souffrances, la perte d'un être cher, aider et épauler ceux que l'on aime, les combats contre soi-même pour ne pas sombrer. Mais qu'est ce qui est important, qu'est-ce qui compte vraiment ?

Regarder le temps qui passe, voir la vie défiler et s'enfuir en avant sans qu'on n'y puisse rien faire ? Ou apprécier chaque moment, chaque petit bonheur ? La vie est un équilibre instable et le choix de la beauté et la douceur doit être le seul. Alors petit à petit, sans s'en rendre compte, déjà nous voilà aux portes de la vieillesse, sentiment mélangé et antagonistes d'avoir atteint une certaine sagesse issue d'une expérience acquise durement et de fatigue parfois quand la vie ne nous a pas épargné. Voir les choses en rose ou en noir. Ne pas se focaliser sur le verre à moitié plein ou à moitié vide mais sur la taille du verre.

Ces quelques vers abordent bien modestement ces sujets et vont clore cette trilogie que sont « les 3 saisons ».

— 0 —
Prologue poétique

Au crépuscule de l'aurore,
Lorsque le jour se lève lentement,
Je m'assieds et je réfléchis, encore
Les mots me viennent naturellement.

Je laisse mon esprit s'envoler,
Vers des lieux lointains et mystiques,
Où les rêves sont réels, livrés
Et les soupirs deviennent musique.

Je suis le poète de mes pensées,
L'artiste de mes propres mots,
Je peins des mondes avec mes doux billets,
Et je les offre sans tracas, sans maux.

Je parle d'amour et de passion,
De la nature et de la vie,

Je laisse mon cœur en pleur ou en chanson,
Et je deviens le poète de la nuit.

– 1 –
Ose la vie

Sens-en toi l'aube naissante
Claire et verdoyante
Elle réchauffe ton âme
Prise des tumultes sans aucun sésame

Laisse-toi emporter vers ce pays
Celui dont tu rêves les nuits
Où tout est possible
Où tout est existible

Fond toi dans ce monde
Fais-en le tien, fronde
Arpente les parcours audacieux
Visite les côtés merveilleux

Laisse-toi porter avec Hygie
Ose la vie.

– 2 –
Amours

Amours amères
Amours à mort
Amours arrière
Amours à tort

Amours sincères
Amours à vivre
Amours premières
Amours délivrent

Amours sœurs
Amours à vie
Amours couleurs
Amours bénies

— 3 —
Expérience

L'existence nous éduque en silence,
Chaque jour nous apportant une leçon.
Des moments de joie, des moments de peine,
Des choix qui forgent notre destinée.

Nous cheminons, nous apprenons, nous grandissons,
À chaque pas, nous nous rapprochons de la sagesse.
À chaque épreuve, nous nous fortifions,
À chaque échec, nous trouvons la résilience.

L'expérience nous enseigne la vie,
Nous montrant ce qui est vraiment important.
Elle nous donne la force d'affronter les peurs,
Et de nous élever vers nos rêves les plus chers.

Alors, laissons l'expérience nous guider,
Et nous montrer la voie vers la lumière.
Car elle est la clé qui nous permet de comprendre,
Et de vivre chaque jour pleinement, sa vie.

Petite pie vagabonde
Chaparde sans honte
Les brillants, les mâts
Et s'envole à la hâte

-- 4 --
Jeunesse amie, où est tu ?

Laisser aller son âme seule et triste
Voguer dans les labyrinthes sans fin
À suivre les mauvaises routes, les mauvaises pistes
Et n'avoir d'autre horizon que le trop loin.

Errer sans raison sur les chemins
Qui vous mène loin de votre vérité
Qu'elle soit belle ou qu'elle soit vaine
Elle est la seule vraie.

Renoncer à ses rêves par convention
Se laisser prendre par le monstre
Abdiquer le bonheur des émotions
Entrer dans les cadres qu'on nous montre

La sagesse de l'âge des années passées
Nous envoie son message bienveillant et tardif
Ne pas perdre les moments fous, cadets
Faire de sa vie une aventure autre que captif.

Et vogue nos vies

Tant d'années déjà que nous passons d'accord mineurs
à accords majeurs ;
Que notre ardeur claire et belle vainc l'habitude,
Gorgone à lourde voix, dont les lentes mains rudes

Usent l'amour le plus tenace et les plus belles
hauteurs.
Je te regarde, et tous les jours je te découvre,
Tant est mon intime où ta douceur où tes faiblesses
Le temps, éclaircit les yeux de ta nature beauté,
Mais exalte ton cœur dont le fond merveilleux
s'exerce.

Tu te laisses naïvement convertir,
Et ton âme, paraît tantôt sereine, tantôt trouble ;
Les mâts au clair, comme une ardente caravelle,
Notre bonheur parcourt les mers de nos désirs.

C'est en nous seuls que nous ancrons nos convictions,
A la franchise nue et les rapports francs ;
Nous agissons et nous vivons, aimés
D'une joyeuse et translucide confiance d'antan.

Ta force est d'être frêle et pure, superbement ;
De traverser, le cœur en feu, tous chemins sombres,
Et d'avoir protégé, malgré la brume ou l'ombre,
Tous les rayons de l'aube en mon âme d'enfant.

-- 6 --
Renaissance

Je pensais que tout était vain, tout était dit
Je voyais le voyage comme déjà fait, déjà fini
Que tout avait été vu et vécu
Que tout était derrière et parcouru

Les jours passaient, s'enfuyaient
Je ne semblais pas le remarquer
Déjà quarante puis cinquante
Chaque année que des jours enfantent

Je me retourne, elles sont parties
Mes vieilles amies
Que sont jeunesse et santé
Elles me narguent de leur passé

Mais que n'ai-je à faire de cette torture,
L'avenir n'aurait-il pas de futur ?
Bien au contraire, je le vois, radieux
Le voilà, apportant ses moments heureux.

Pour peu que tu les aperçois, errance
Poindre à l'horizon des espérances
Rencontre de nouvelles amies
Que sont sagesse et bonhomies

Vivre pour soi, ne plus se retourner
Croquer les bonheurs, les garder.

Prendre soin de soi

Prendre soin de soi est comme un jardin,
Qui a besoin d'être entretenu,
Pour fleurir et s'épanouir,
Au lieu de se faner et de se dessécher.

Il est important de prendre soin
De ses pensées et de ses émotions,
De les cultiver avec attention
Pour qu'elles restent saines et vivantes.

Il faut apprendre à se connaître
Et à accepter ses imperfections,
À se donner de l'amour
Et à être indulgent envers soi-même.

Il faut aussi apprendre à s'exprimer,
À partager ses peines et ses joies,
À se connecter aux autres
À créer des liens forts.

Prendre soin de soi est un travail à temps plein,
Qui demande de la patience et de la persévérance,
Mais qui en vaut la peine
Pour vivre une vie riche et épanouissante.

— 8 —
Aimer ou la raison perdue

Parfois quand vient le soir
Quand je vois s'évanouir les derniers espoirs
Je sors près du grand saule
Et me remémore les moments drôles

Il est là, haut, puissant, élancé
Me regardant de sa majesté
Il enveloppe de son aura
Mon âme de bon soldat

Un instant alors, je me sens libre
Libre de sourire, pleurer, vivre
De tomber ces masques vénitiens
Rôles qui ne sont pas les miens

Sur cette scène, côté jardin
Les attaches lâchent le marin
Et mon esprit vogue
Prisonnier de cette drogue

Brille, brille petite luciole
Illuminez nos soirées
Faites de ces mouvements drôles
Des rêves éveillés

L'absence

Toi, l'absence que je n'ai jamais sentie aussi près de moi
Que depuis qu'avril ait détaché son fil
Laissé partir vers les mais à venir
Les solitudes des souvenirs

Je revois encore les couleurs andrinoples
Et vermeilles sur les toiles
Et mes songes
Emportés, s'éloignent

Comment était-ce déjà ?
Avril devient décembre puis juin
Et j'entends ce refrain
L'ode, emplir mon cœur

Guérir ? Non.
Vivre avec, sûrement.

-- 10 --
Le labyrinthe

Je me sens comme dans un labyrinthe
Où il n'y aurait pas de sortie
J'arpente les couloirs, à droite, à gauche, tout droit,
Reculer, revenir en arrière ? Impossible,
Je ne connais pas le chemin.

Sur les murs, des affiches retraçant des moments de ma vie.
Heureux, malheureux, ils y sont tous.
Je les regarde comme une exposition temporaire
D'un musée dont je serais le thème principal
Parfois les affiches me font rire, parfois pleurer.

Je ne comprends plus l'ordre, quelques farceurs les auront mélangées.
Ou alors, oui, c'est ça, elles sont aléatoires, comme synchronisées à mon humeur.
C'est sûr, elles changent, se déplacent, reviennent.
Ça me rend fou. Je n'arriverai plus à mettre de l'ordre.

-- 11 --
Je suis sûr que dans mon cœur

Je suis sûr que dans mon cœur
Souffle encore le vent Chaud
Celui venu des pays heureux et enfantins

Je suis sûr que dans mon cœur
Des jeux et des souvenirs se font
Aussi joyeux que ceux de mes rêves

Je suis sûr que dans mon cœur
Je suis sûr que la place est grande
Pour peu que l'on retire ce décor lugubre

Je suis sûr enfin
Que le chemin si difficile et ardu,
Passera le temps des démons pour une prairie fleurie.

-- 12 --
La mer

La mer se déchaîne
Contre les rochers rugueux
Elle hurle sa colère
Et sa douleur

Les vagues se brisent
Contre les falaises écorchées
Elles éclatent en écumes
Et en cris

Mais la mer ne pleure pas
Elle se bat
Contre les éléments
Et contre elle-même

Elle est belle
Et terrifiante
Comme l'amour
Comme la vie

Elle nous attire
Et nous repousse
Comme une promesse
Et une menace

Mais nous ne pouvons pas lui échapper
Nous sommes en elle
Et elle en nous

La mer est notre destin
Et notre liberté.

-- 13 --
L'orage

L'orage gronde au loin, dans le ciel tourmenté,
Comme un rappel amer des tourments de la vie,
Les éclairs illuminent la nuit, déchirant l'obscurité,
Tandis que le vent souffle, impétueux et sauvage.

Les bourrasques, comme un flot tumultueux,
Nous balayent sans relâche, nous poussant vers l'inconnu,
Et dans la tempête de nos peurs et de nos doutes,
Nous cherchons désespérément un refuge, un abri.

Même les plus vaillants des hommes,
Peuvent être submergés par la puissance et la fureur
Et dans cette épreuve se révèle la véritable nature,
Le courage, la ténacité, la foi en la vie et en l'avenir

Alors que la foudre gronde et que la pluie martèle le sol,
N'oublions jamais qui nous sommes,
Ceux capables de se transcender et se laisser aller,
Et de s'endormir paisiblement dans la nuit.

Ce rosé aux couleurs vermeille
Qui nous soulage des affres du soleil
Porte en son cœur et sans vergogne
Tous les enchantements de la Catalogne

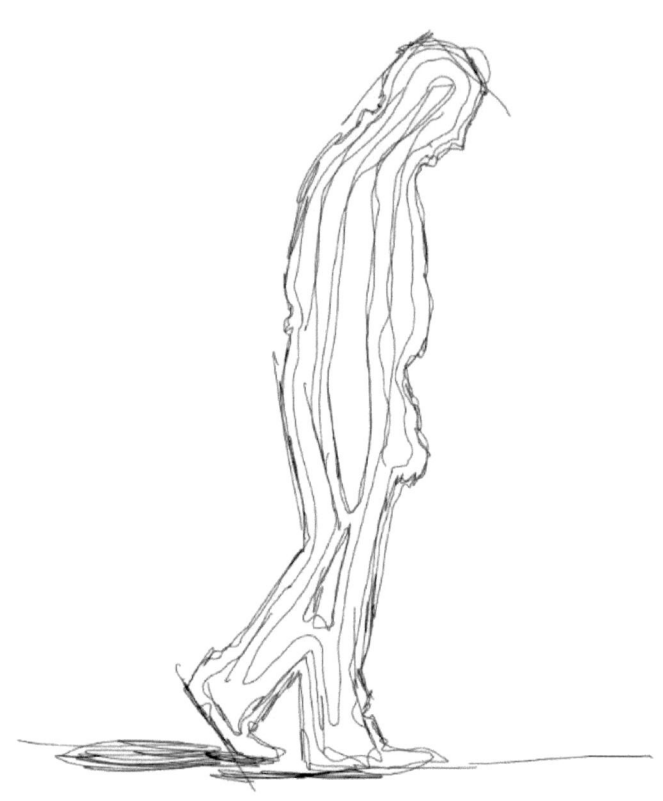

-- 14 --
Automne sans fin

Les feuilles tombent
Emportées par le vent
Elles dansent une dernière valse
Avant de s'évanouir

Les arbres se dépouillent
De leur parure d'été
Ils se tiennent nus et froids
Face à l'hiver qui vient

Mais ils ne pleurent pas
Ils se préparent
À renaître au printemps
Et à refleurir

Ils sont forts
Et fragiles
Comme nous
Comme l'existence

Ils nous rappellent
La vie et la mort
La continuité
Et l'éphémère

Les arbres sont notre miroir
Et notre repos
Ils sont notre charpente
Et notre sève

L'obscurité m'enveloppe
Et m'étouffe
Je me sens seul et perdu
Au milieu de tous ces gens

Les jours se suivent
Et se ressemblent
Je n'ai plus de couleur
Juste du gris

Je n'ai plus de goût
A rien
Je suis vide
Et désespéré

Je me sens inutile
Et coupable
Je me blâme
Et je me hais

Je suis prisonnier de mon propre corps
Et de mon propre esprit
Je suis prisonnier de la dépression
Mais je sais que je ne suis pas seul

Il y a de l'espoir
Et de l'aide
Il y a des gens qui m'aiment
Et me comprennent

Je dois lutter
Et me battre
Affronter les démons
Qui me ronge, comme un automne sans fin.

La mort

N'ayez pas peur de la mort,
Elle est douce et bienveillante,
Car elle est là pour nous libérer de nos remords
De tous nos tourments et nos démons qui nous hantent

La douceur de la mort,
Est comme un baume chaud,
Met fin à nos souffrances.
Et qui apaise nos maux,

La mort qui vient,
Est comme un sommeil paisible,
Où tous nos soucis, vainc
S'envolent comme des oiseaux dociles.

La mort envoie ses anges,
Qui nous prennent tendrement la main,
Et nous guident vers un autre monde, étrange
Où la paix est éternelle, profonde, comme un matin

La mort, douce et acceptée,
Est comme un passage nécessaire,
Car sans la mort, il n'y a pas la vie, pas de liberté
Car sans la mort, on n'aura jamais été heureux

Bien sûr qu'on la veut lointaine
Bien sûr qu'on la veut sans douleur
Bien sûr qu'on la veut sereine
Mais sans crainte, qu'elle vienne.

-- 16 --
Le temps qui passe

Le temps file sans s'arrêter, nous laissant loin derrière,
Emportant avec lui les souvenirs de notre passé.
Les jours passent rapidement, tandis que les années s'envolent,
Nous laissant à contempler le fil de notre vie.

Les enfants grandissent et deviennent des adultes,
Leurs rires et leurs jeux remplacés par des responsabilités.
Les amis viennent et partent, laissant des traces indélébiles,
Tandis que les souvenirs de leur présence s'estompent avec le temps.

Mais malgré la fuite du temps, il y a une chose qui reste,
C'est l'amour et les moments précieux que nous avons partagés.
Ils brillent comme des étoiles, illuminant notre chemin,
Nous rappelant à jamais les moments les plus précieux de notre vie.

Alors, profitons de chaque instant, aimons profondément,
Et laissons les souvenirs durables de notre vie s'installer.
Car même si le temps file, ces moments resteront à jamais,
Des témoins éternels de notre existence sur terre.

Te souviens-tu de cette nuit
Nous étions allongés sous les étoiles
L'obscurité nous enveloppait de son voile
Et nous nous aimions sans un bruit

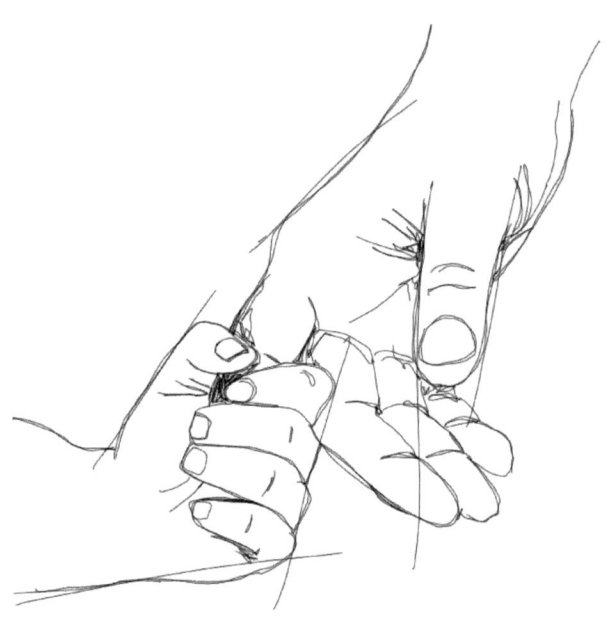

À mes filles

Mes filles, mes diamants brillants
Vous êtes la musique qui résonne dans mon cœur,
Le rire qui égaie mes jours, et les rêves de mes nuits
La tendresse qui apaise mes peines.

Vous êtes mon bonheur, ma fierté,
La raison de me lever et de lutter
De relever les défis, d'entreprendre
De croire en l'amour sans condition.

Je vous aime plus que tout au monde,
Plus que les mots ne sauront jamais le dire,
Ces silences complices plongés dans vos espoirs
Que j'espère et béni comme autant de bonheurs

Vous m'aider à accepter le temps qui passe,
À accepter cet avenir que je verrais trop noir
Je vous aime de tout mon cœur, de toute mon âme
Ici et même ailleurs.

-- 18 --
La guerre et la paix

La guerre est comme un ouragan qui dévaste tout sur son passage,
Emportant la vie et laissant derrière lui la destruction.
Elle oppose les hommes les uns aux autres, sans aucun remords,
Et met à l'épreuve l'humanité de chacun.

La paix est comme un rayon de lumière, apaisant la tempête,
Offrant une solution aux conflits et à la violence.
Elle réunit les gens, brisant les barrières et les frontières,
Et permettant à tous de vivre ensemble en harmonie.

Nous devons tous travailler ensemble pour construire la paix,
En rejetant la guerre et la violence, et en cultivant l'amour.
Car la paix est le plus grand bien que nous pouvons nous donner,
Et c'est seulement en travaillant ensemble que nous pourrons l'obtenir.

Alors, levons nos voix pour la paix, et rassemblons-nous,
Pour construire un monde plus juste, plus sûr et plus libre.
Car c'est en unissant nos forces que nous pourrons atteindre la paix,
Et vivre ensemble en harmonie pour les générations à venir.

La douleur est un oiseau noir
Qui vient se poser sur nos espoirs
Elle pique, elle griffe, elle dévore
Jusqu'à ce que plus rien ne vibre encore

Mes amis, ma famille

L'amitié, un lien si pur, si fort,
Unissant deux âmes, dans un même sort.
Un soutien constant, dans les moments difficiles,
Un allié fidèle, lorsque la vie devient insupportable

Comme un fleuve, l'amitié coule sans fin,
Apaisant les peines, enlevant les soucis.
C'est un feu qui brûle, dans les cœurs,
Et un rayon de lumière, dans les ténèbres.

L'amitié n'a pas de prix, ni de frontières,
Elle est plus forte que les guerres, plus grande que les désespoirs.
Elle est un cadeau, que l'on doit entretenir, et chérir
Et un lien qui, jamais, ne doit se rompre.

L'amitié, une bénédiction divine,
Nous élevant au-dessus de la routine.
C'est un sourire, un souffle de vent,
Et une étincelle qui brille en nous, sans fin.

Aujourd'hui, après toutes ces années
Je peux le dire, je n'ai plus d'amis,
Telle la chenille qui sort de sa chrysalide,
Je n'ai plus qu'une famille

-- 20 --
Désespoirs, des espoirs

Des espoirs brisés, des rêves perdus,
Une vie qui semble sans but,
L'obscurité règne sur mon cœur,
Le désespoir m'envahit toujours.

Je me sens seul, abandonné,
Comme si je flottais dans le vide,
Le monde autour de moi semble sombre,
Et je ne trouve aucun refuge.

Je cherche une lumière, un éclaircissement,
Mais je ne trouve que tristesse et silence,
Le temps passe, mais rien n'a changé,
Et le désespoir continue de m'envahir.

Je veux croire en l'avenir, en la vie,
Mais c'est comme si tout était perdu,
Je me sens piégé dans cet état,
Et je ne sais pas comment m'en sortir.

Je prie pour un rayon de lumière,
Pour un peu d'espoir dans ma vie,
Pour retrouver la force d'avancer,
Et chasser le désespoir de mon âme.

Un jour, je le sais, la lumière viendra
Je la suivrai, me laisserai envelopper de sa chaleur
Alors les désespoirs, les rêves perdus, la nuit
Seront à jamais de vieux cauchemars enfouis.

-- 21 --
Et un jour, on s'est marié

Notre mariage est un pas de deux,
Où nos deux cœurs qui battent à l'unisson.
Un engagement pour la vie,
Pour s'aimer, pour rire, pour vivre.

On a signé un pacte d'amour et de foi,
Des promesses douces et sincères.
Nos deux vies qui se joignent en une,
Dans ce monde rempli d'incertitudes.

Il est aussi un acte d'espoir,
Un chemin pavé d'efforts et de défis.
Tu es mon refuge sûr, et je suis le tien
Dans lequel nos mains se tiennent fort dans les moments durs.

Nous parcourons un voyage sans fin,
Plein de surprises et de merveilles.
Où chaque jour apporte de la lumière,
Et où l'amour crée une famille.

-- 22 --
Les arts

Expression divine,
Révélant la beauté, dans les formes les plus fines.
Ils sont un miroir de l'âme, un reflet de notre être,
Et une façon de transmettre nos sentiments les plus purs.

Comme des couleurs qui s'entrelacent, les arts nous enchantent,
Éveillant en nous, la beauté de notre âme
Ils sont un cri de liberté, une voix dans le vent,
Et une manifestation de la vérité, sans fin.

Les arts nous touchent, nous émeuvent,
Nous transportent dans un autre monde, que l'on peut sentir.
Ils nous offrent un refuge, dans les moments difficiles,
Et une source d'inspiration, dans les jours les plus banals.

Les arts sont une symphonie d'images, de sons et de mots,
Une expression de la vie, de l'amour et de la mort.
Ils sont un cadeau, que l'on doit chérir,
Et un héritage, que l'on doit transmettre

– 23 –
Crois en toi

Le monde est vaste et plein de défis,
Et parfois nous nous sentons perdus,
Mais n'oublie jamais ta force intérieure,
Car tu es capable de surmonter tout obstacle.

Lève la tête, tiens-toi debout,
Et fais face à tout avec courage,
Car la vie n'est qu'une longue aventure,
Et tu as le pouvoir de la vivre à fond.

N'aie pas peur de faire des erreurs,
C'est ainsi que tu grandiras et t'épanouiras,
Suis tes rêves, fais-les tiens,
Et tu trouveras le bonheur et la réussite.

Crois-en toi, en tes talents,
Et en tout ce que tu peux accomplir,
Car rien n'est impossible,
Si tu le veux vraiment, tu peux le faire.

Alors, garde la tête haute et l'esprit fort,
Et fais-toi confiance, tu es plus forte que tu ne le crois,
Car le monde est à toi, prends-le à bras-le-corps,
Et n'abandonne jamais, tu es capable de tout !

— 24 —
Accomplir ses rêves

Avoir le courage de croire en soi,
De se fixer des buts, et de les poursuivre,
En dépit des obstacles, des doutes et des peurs.

Travailler dur, et ne pas abandonner,
Même lorsque les chemins sont sinueux et difficiles,
Et rester motivé, en se rappelant l'objectif final.

C'est apprendre de ses erreurs, et ne pas les regretter,
Car chaque échec nous rapproche un peu plus,
De la réussite, et nous enseigne une leçon précieuse.

Réaliser ses rêves, c'est une aventure unique,
Où l'on découvre de nouveaux horizons,
Et où l'on se découvre soi-même, plus fort et plus sage.

C'est vivre la vie, avec passion et intensité,
En se donnant les moyens de réussir,
Et en s'épanouissant, en s'accomplissant.

Je t'aime mon amour

Je t'aime, mon amour, comme le vent souffle fort,
Emportant tout sur son passage, sans retenue.
Je t'aime, comme la mer qui déferle sur la plage,
Avec une force constante, jamais n'en pause.

Je t'aime, comme le feu qui brûle sans relâche,
Illuminant la nuit, chassant les ténèbres.
Je t'aime, comme la pluie qui tombe sans bruit,
Apaisant la terre, nourrissant les semences.

Je t'aime, comme les étoiles qui brillent dans le ciel,
Guidant les navigateurs, éclairant les chemins.
Je t'aime, comme le soleil qui se lève chaque matin,
Réchauffant la terre, donnant vie à tout ce qui vit.

Je t'aime, mon amour, pour toujours et à jamais,
Comme l'univers qui s'étend sans limites.
Je t'aime, sans condition, sans réserve, sans peur,
Et je le ferai pour l'éternité, et même après.

Usé par le temps
Par les appels, les cris
Usé par la peur,
Par le mal qui me ronge
Usé par les nuits
Blanches de questions
Usé enfin d'avoir trop été
D'avoir été entier

-- 26 --
Le vieil homme et ses fagots

Le vieil homme, depuis toujours,
Portait sur son dos des fagots de bois
Qu'il confectionnait avec tout le soin
Qu'on pouvait mettre à confectionner des fagots.

À chaque fois que quelqu'un ou quelqu'une avait besoin de lui,
Il accourait et apportait les fagots.
Il y mettait tout son cœur mais aussi toute sa santé.
Et grâce à lui, les foyers s'allumaient et la joie revenait.

Un jour le vieil homme, fatigué,
Ne se rendant pas compte qu'il s'épuisait à la tâche mis un genou à terre.
Cela fut aussi soudain qu'inattendu.

Pour la première fois de sa vie, il n'arrivera pas aussi vite que d'habitude
Chez la vieille dame veuve et seule qui l'attendait
Pour pouvoir allumer son feu.

Et ce fut de même pour tous les habitants du village.
Le vieil homme était à bout. Sans s'en rendre compte, son corps, son esprit le lâchaient.
Difficile à comprendre pour ce roc dont rien ne pouvait atteindre.

Il fallait se rendre à l'évidence,
Les habitants allaient devoir se faire livrer les fagots par un autre.

Que c'était dur pour lui de se sentir si diminué, aux yeux de tous.
Quelle honte il pouvait ressentir de ne plus pouvoir livrer ses fagots
Mais qui pour l'aider, il était si seul, dans sa tête et dans son cœur ?

-- 27 --
Bientôt, mais pas de suite

Un jour, bientôt, je te ferai mes adieux
Monde devenu fou de tout
Tu n'es plus mon ami, le tien je ne le suis pas mieux
J'ai traversé les décennies folles, les saisons
Comme un bateau dans la tempête

Au revoir, monde cruel et souvent déçu,
Où la flatterie et la vanité se tiennent debout,
Là où les âmes sont froides et l'ambition est reine,
Je tournerai le dos à tout cela pour trouver la sérénité.

Je partirai vers une colline verdoyante et solitaire,
Où les fées ont choisi de m'offrir un refuge,
Un endroit où je peux me reposer et méditer,
Là où la paix de l'esprit et de Dieu peuvent être trouvés.

Sous les tilleuls je me couche, contemplant les étoiles,
Je me moque du savoir et de la gloire des hommes,
Car ici, dans la nature, je peux trouver l'infini,
Et me rencontrer sans me juger, sans aucun atermoiement.

Adieu, monde effréné, je pars à la recherche de la paix,
Loin de tout ce qui est vain et mondain,
Je trouverai mon bonheur dans ces collines paisibles,
Là où je pourrai être enfin en paix.

-- 28 --
Optimisme

Le baromètre est figé sur un ciel dégagé,
Où l'esprit erre en paix dans les herbes sauvages.
Le vent peut souffler fort, mais le cœur est déterminé,

La vie n'est ni tout noire, ni tout en rose,
Mais une méditation bienveillante impose
De voir le verre à moitié plein, pas vide.

La prudence est la clé pour un avenir radieux,
Et l'optimisme mesuré est comme un alchimiste,
Transformant l'existence en un jardin fleuri de bonheur.

Marchons ensemble sur le chemin, chantons en cheminant,
Et laissons nos cœur fleurir de muguet,
Ainsi nous serons heureux, sans cesse avançant.

Maman

Maman chérie, si forte et si tendre,
Avec toi j'ai traversé tant de malheurs,
 Le fardeau était lourd mais on l'a porté,
Avec une force surhumaine, sans jamais faillir.

Les larmes ont coulé, les nuits ont été longues,
Mais ta main réconfortante était toujours là,
Tout ton soutien, ton refuge dans les moments sombres,
Ta résilience aux tragédies m'impressionne

Je me rappelle les sacrifices que tu as faits,
Le temps et les efforts consacrés sans relâche,
Pour assurer les bien-être et les bonheurs,
Tu es un rocher, une ancre de salut.

Aussi vais-je laisser au vestiaire des ridicules
Ma pudeur et mes maladresses
Pour enfin te le dire, te l'écrire
Je t'aime maman.

Fol amour

Les feuilles dansent sur le trottoir,
Emportées par le vent qui souffle.
Je pense à toi, belle et douce,
Et mon cœur se met à battre.

Le son de ta voix est comme une mélodie,
Berçant mes rêves et mes soucis.
Me rassure et m'apaise,
Quand la vie me harcèle.

Je suis prisonnier de ton amour,
 Emporté par les vagues de ta grâce.
Je veux demeurer à tes côtés,
 Et respirer l'air de ta tendre audace.

Ainsi je déclare encore ma flamme,
 Et jure de te chérir pour l'éternité.
 Car mon amour pour toi est sans fin,
 Infini, au-delà de l'espace et du temps

Réussite

Dans les grands horizons de la vie,
Il y a un chemin à parcourir,
Un objectif à atteindre, une course à livrer,
Une réussite à savourer.

C'est la poursuite du bonheur, La quête du succès,
La lutte pour la gloire,
Le désir ardent de monter,
Encore et encore, Jusqu'au sommet de la victoire.

Les obstacles seront nombreux, les défis nombreux,
Les moments de doute et de peur,
Mais en gardant les yeux rivés sur les étoiles,
Nous pourrons triompher de l'incertitude et de la peur.

Nous travaillerons avec acharnement,
Nous ferons face à la concurrence,
Nous nous relevons lorsque nous tombons,
Et nous ne nous abandonnerons jamais.

Et enfin, le jour vient,
Où notre travail est récompensé,
Où notre détermination est saluée,
Et où notre réussite est consacrée.

Alors, continuons à avancer,
Avec courage et détermination,
Car la réussite est notre destinée,
Partir parfois du tout bas et s'élever en haut

Prendre plaisir

Prendre plaisir dans la vie,
C'est un art délicat qui se crée,
En appréciant chaque instant,
Et en donnant tout son potentiel.

C'est se réveiller le matin,
Avec un sourire sur les lèvres,
Et un cœur qui bat la chamade,
Pour vivre chaque jour avec audace.

C'est découvrir de nouvelles choses,
Goûter à de nouveaux plats,
Rencontrer des gens différents,
Et s'ouvrir à de nouveaux horizons.

C'est prendre le temps de rire,
De se détendre et de se ressourcer,
De s'aimer soi-même inconditionnellement,
Et de se donner la permission de s'amuser.

Prendre plaisir dans la vie,
C'est choisir de voir le meilleur,
Dans chaque situation qui se présente,
Et de faire de chaque moment, une aventure.

Le bateau

Un navire en mer,
Emportant amour et souvenirs.
Capitaine fier, sur les vagues de la vie
Guidant son équipage à travers les aléas.

Son second, solide, Protégeant les matelots du vent,
 Soutenant le navire en cas de tempête.
 Les ancres fiables, et maintenant la stabilité à bord.
Et tous ensemble, ils naviguent, vers l'avenir.

Mais parfois, la mer peut être rude,
Les vents peuvent souffler fort.
Mais ensemble, ils restent fermes,
Et le navire ne tressaille pas, il persiste.

Le capitaine, marin expérimenté
Au travers des alizés et des vents hurlants
Amène son merveilleux bateau
Dans un port sur pour chacun

Maudite absence

Elle est là, toujours présente,
Un fardeau qui pèse sur mes épaules.
Elle m'enveloppe, comme une brume,
Et me laisse seul dans l'obscurité.

Je cherche en vain ce qui me manque,
Les moments passés trop rares, avec toi.
Mais tu es parti sans un adieu,
Laissant un vide immense, en moi.

Elle nous peine, sans cesse,
Nous faisant souffrir, sans fin.
Je garde en moi, ton souvenir,
Mais chaque jour il s'éloigne un peu plus.

Elle est cruelle, sans pitié,
Me privant de ta présence, de ton amour.
Je reste là, avec mes cicatrices à vif,
Et tu me manques, plus que jamais.

Écrire

L'écriture est un pinceau magique sur la toile de notre esprit,
Qui peint les couleurs de nos rêves et les formes de nos pensées.

C'est une danse entre la plume et le papier, où les mots sont ourdis,
Et les histoires prennent vie, sans fin ni frontière.

C'est un oiseau qui s'envole, libre de toutes chaînes,
Transportant notre âme sur ses ailes,

Un refuge où les mots sont rois,
Révélant les émotions
Sans crainte ni jugement, juste la beauté de l'expression.

C'est un pouvoir qui touche les cœurs sans un bruit,
Un message qui voyage à travers le temps et l'espace.

C'est un joyau étincelant qui brille de mille feux,
Et qui peut éclairer les ténèbres de l'existence.

Et quand nous relisons ce que nous avons écrit, nous sommes fiers,
De ce que nous avons accompli avec notre imagination.

L'écriture est un plaisir inépuisable, une quête sans fin,
Un moyen de capturer notre essence et de la partager avec le monde.

L'insouciance de l'enfance

L'insouciance de l'enfance, douce comme un souffle d'été,
Flotte sur les vents, doux et libres.
Les rires cristallins résonnent comme des harmonies célestes,
Emportant les soucis loin, dans les brumes de l'oubli.

Les jouets sont des trésors, et les devoirs des chimères,
Le temps est un ami fidèle, qui s'écoule sans bruit.
Les arcs-en-ciel sont des ponts vers des mondes féeriques,
Où les rêves peuvent s'envoler, et les souhaits prendre vie.

Les nuages sont des montagnes à conquérir,
Les oiseaux les messagers des joies éternelles.
L'herbe est un tapis d'or, qui invite à la danse,
Et le ciel, une voûte étincelante, sans fin ni limite.

L'insouciance de l'enfance, légère comme un papillon,
Emporte avec elle la grâce et la légèreté.
Que cet esprit libre perdure à jamais,
Et que l'insouciance de l'enfance soit éternelle.

Mais hélas, le temps passe et les enfants grandissent,
Les jouets sont mis de côté, les devoirs s'imposent.
L'insouciance s'envole, laissant place à la mélancolie,
Mais le souvenir reste, comme un doux écho.

Ainsi, que ces vers soient un hommage à l'insouciance,
A ce temps précieux, où tout était possible.
Que ces mots rappellent à chacun la magie de l'enfance,
Et que cette insouciance vive à jamais dans nos cœurs.

Jardin du renouveau

C'est un jardin d'hiver,
Semé de pensées,
Bordé de cœurs cultivés,
Et d'âmes nourries.

Guérison des Hespérides,
Blessures pansées,
Aux fardeaux allégés,
D'une vie à renaître.

Âmes perdues en refuge,
De paix et de sérénité,
Mains tendres tendues,
Pour faire de nouveau briller la lumière.

Ce jardin magnifique et magique,
Efface les douleurs et les démons,
Fait surmonter les peurs,
Dans un havre de paix.

Création

Debout sur le rivage, contemplant l'horizon,
Je laisse mon esprit errer sans direction,
En quête d'inspiration, d'une émotion enivrée,
D'une étincelle pour écrire mes pensées.

Je regarde les vagues, écoute leur murmure,
Leurs mouvements perpétuels, leur douce allure,
Et je sens alors monter en moi un frisson,
Un désir de partager ma vision.

Je me laisse porter par la brise légère,
Qui souffle sur la mer et caresse la terre,
Et je m'imprègne de cette beauté sauvage,
Qui inspire en moi de profonds bavardages.

Je griffonne quelques mots sur mon petit carnet,
Des mots comme pris à la volée,
Je les entrelace, les relie, les façonne,
Pour former un poème que de passion je couronne.

Ainsi, tel un marin sur son navire,
En quête d'un nouveau monde à découvrir,
Je navigue sur les flots de mon inspiration,
En quête de la beauté et de mes narrations.

Un brin de bruyère

Je me souviens de ce brin de bruyère,
Cueilli en automne, en cette saison éphémère,
Il était si beau, si simple et si fragile,
Témoin d'un temps révolu, d'un souvenir immobile.

Le temps a passé, et je suis là à présent,
Me rappelant cette bruyère, souvenir de l'instant,
Odeur du temps, odeur du passé, de la nostalgie,
Rien ne peut effacer, ce qui reste à l'infini.

Je pense à toi, à nos moments partagés,
À nos rires, à nos larmes, à nos secrets bien gardés,
Et je me souviens de toi, si belle, si sincère,
Et je t'attends, toujours là, à te souvenir,
Sans frontière.

Le temps peut passer, les saisons se succéder,
Mais mon amour pour toi, reste éternel, gravé,
Comme ce brin de bruyère, souvenir de notre passé,
Dans lequel je puise encore, la force de t'aimer.

-- 40 --
Un chapitre se ferme

Les pages s'envolent une à une,
La couverture se referme enfin,
Le silence s'installe, l'aventure est terminée,
Le temps de la conclusion est arrivé.

Les passions que nous avons connues,
Les moments que nous avons aimés,
Les aventures que nous avons partagées,
Résonneront toujours en souvenirs.

Nous avons parcouru des mondes inconnus,
Rencontré des amis et des ennemis,
Vécu des joies et des peines,
Découvert des vérités et des mystères.

Et pourtant, malgré la fin qui approche,
Nous ne pouvons-nous résoudre à quitter,
Les mots qui ont été nos compagnons,
Les histoires qui nous ont transportés.

Nous nous accrochons aux souvenirs,
Aux pages que nous avons tournées,
A la magie que nous avons ressentie,
Et à l'émotion qui nous a bouleversés.

Et peut-être, au-delà des mots,
Au-delà des pages et des images,
Les histoires que nous avons vécues,
Continueront de vivre en nous.

Commentaires sur les illustrations

Ce qui a été retenu dans ce recueil par l'illustratrice, c'est qu'il s'agit en quelque sorte d'une conclusion, un moment de contemplation de la propre vie de l'auteur, entre la nostalgie du temps qui passe et essayer d'apprécier la vie présente. Cela évoque une certaine sagesse, ou du moins une tentative de sagesse l'espace de quelques poèmes. C'est un moment d'introspection, qui peut faire mal, mais qui, surtout, permet à l'auteur en tant que poète mais aussi en tant qu'homme, père, fils, de ressortir grandi des expériences joyeuses comme douloureuses de sa vie.

Il a été choisi en première de couverture, de représenter un homme faisant face à un océan, lors d'un coucher de soleil. L'homme est aussi un peu transparent, on peut voir les vagues à travers son corps.

Ce qui vient en premier à l'esprit en lisant ces vers est une grande étendue d'eau. L'océan lorsqu'il est calme évoque une certaine paix intérieure. Mais est-ce le calme avant une nouvelle tempête ? De plus, l'iconographie de la mer, des côtes, est sur les couvertures des deux premiers opus :

Tome 1, l'image d'un port, image tournée vers la terre, vers les autres.

Tome 2, l'homme apparait, même si soucieux. On distingue un peu plus la mer.

Enfin Tome 3, l'homme se place au centre de l'image. On le voit de haut, tourné vers l'horizon. Le choix de garder ce thème pour les trois livres, créée une unité. On ne distingue même plus la terre. Va-t-il quitté la côte ? Il pourrait être sur un bateau à la conquête de sa vie future. Le coucher de soleil évoque aussi la fin de journée, la fin d'un cycle, celui de la trilogie. Il fait penser au temps qui passe.

Enfin, l'illustratrice a décidé de laisser apparaître les vagues à travers le torse pour que l'on comprenne que le calme de l'océan se retrouve aussi en l'auteur. L'océan et lui ne font qu'un.

Les dessins internes du recueil ont été traités comme une sorte de carnet de bord, ou de journal intime. Alors, il a été décidé de partir sur des dessins assez "simples" niveau style puisqu'ils ressemblent à des dessins faits au stylo. Parfois abstraits, parfois plus figuratifs, on pense qu'ils ont été croqués in situ comme le font les voyageurs.

Déjà paru

Mes vies en poésies :
Trois saisons
La quatrième saison

Première de couverture,
Design,
Illustrations,
Photo dernière de couverture,
Pauline Bouillevart